LES CHANSONS

DE

FRÉDÉRIC BÉRAT.

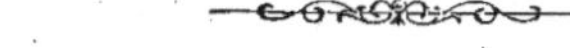

REVUE-VAUDEVILLE,

PAR M. A DELCOURT,

MUSIQUE DE LA MISE EN SCENE DE M. Ed. MEIRET.

Représenté pour la première fois au Théâtre-Français, de Rouen,

Le 8 Février 1859.

Prix : 75 centimes.

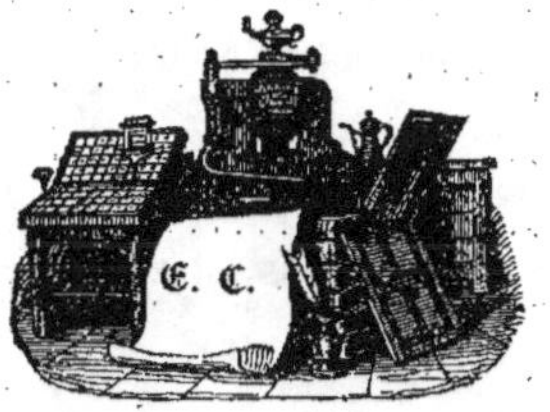

ROUEN,

E. CAGNIARD, IMPRIMEUR DE LA PRÉFECTURE,

Rue Percière, 29.

—

1859.

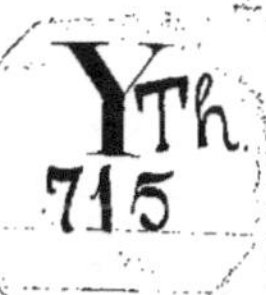

PERSONNAGES :

	MM.
ANDRÉ, jeune paysan de Savoie........ .	FAYE.
OBIN, berger tyrolien..................	JUTEAU.
LE MARCHAND DE CHANSONS..........	FAUGÈRE.
NICOLE, paysan........................	HAMBURGER.
LE MARIÉ, paysan.....................	MILET.
PIERRE, paysan........................	LACOMBE.
LE POSTILLON..................... ...	JULIEN-MARY.
DORÉDO, directeur de spectacle.........	GIRAUD.
	MM^{mes}.
CLAUDINE, jeune paysanne, fiancée d'André.	MÉROUD.
CLARA, jeune fille, cantatrice, fiancée d'Obin.	FROMENTIN-DEVAUX
MARGUERITE, paysanne, mère d'André...	MOREAU.
LISETTE.............................	POTEL.
TOINETTE............................	ÉLODIE.

PAYSANS, MUSICIENS, MARCHANDS, BATELEURS, LE TAMBOUR DU VILLAGE.

LES CHANSONS

DE FRÉDÉRIC BÉRAT.

Le Théâtre représente un paysage; au fond de la scène, une montagne; au pied de la montagne, une place publique.

SCÈNE PREMIÈRE.

ANDRÉ, CLAUDINE, MARGUERITE ET QUELQUES PAYSANS.

André, un bâton à la main, le sac sur le dos, tenue d'un ouvrier en voyage; Claudine, jeune fille de village, et Marguerite, paysanne d'un certain âge, l'ont accompagné jusqu'au versant de la montagne, où ils doivent se séparer.

CLAUDINE, *à André.*

Loin de nous, à t'enrichir,
Quoi! tu veux passer la vie?
Mais ta mère et ton amie,
Que vont-elles devenir?
Jadis, pour toute richesse,
Tu ne voulais que mon cœur;
Hier encor, ma tendresse
Suffisait à ton bonheur.
Sois fidèle à ta compagne,
A ta mère, à tes amis;
Sois fidèle à la montagne,
C'est le plus beau des pays.

ANDRÉ.

Ce bien être que je vais chercher à la grande ville, ce n'est pas pour moi, c'est pour toi, ma gentille Claudine, ma fiancée; c'est pour Marguerite, ma bonne mère...

CLAUDINE.

Aux champs, pendant la moisson,
Quand travaillera ta mère,
D'une voix aussi légère
Lui dirai-je ma chanson?

MARGUERITE.

Pauvre Claudine! mes enfants!

CLAUDINE, *continuant.*

Matin et soir, pour ton père,
Sans toi, quand elle prîra,
Seule, hélas! dans sa chaumière,
Ses pleurs, qui les sèchera?
Sois fidèle à ta compagne,
A ta mère, à tes amis;
Sois fidèle à la montagne,
C'est le plus beau des pays.

ANDRÉ.

Tous ces projets que j'ai faits pour votre bonheur, il faut donc y renoncer? Cette petite maison pour ma mère, la ferme pour Claudine, et le joli costume de la fermière heureuse, sont des rêves qui ne se réaliseront jamais, si je ne m'éloigne de la montagne!

CLAUDINE.

Tu ne me comprends pas?

Pourquoi t'éloigner de nous?
Ici, ton sort est tranquille.
On dit qu'à la grande ville
Le soleil semble moins doux.
Sans toi, je mènerais paître
L'agneau cher à notre cœur.
Reste aux lieux qui t'ont vu naître :
Là toujours est le bonheur.
Sois fidèle à ta compagne,
A ta mère, à tes amis;
Sois fidèle à la montagne,
C'est le plus beau des pays.

ANDRÉ.

Eh bien! vous l'emportez, vous le voulez? je reste.

TOUS ENSEMBLE.

O bonheur! renonce à ce voyage, ne nous quitte jamais!

MARGUERITE.

Mes amis, ne le retenons pas; toute bonne pensée vient du ciel: la sienne est d'aller au loin, d'habiter un autre pays.

ANDRÉ.

Pour quelque temps seulement...

MARGUERITE.

Laissons donc partir André, quoiqu'il en dût coûter et à lui et à nous.

Adieu, mon fils, adieu!
Bonne espérance!
Bonne espérance!
Claudine et moi,
Pour toi
Et pour la France,
Nous prîrons Dieu.
Bonne espérance!
Adieu!
Bonne espérance!

CHŒUR.

Musique de M. Ed. Meiret.

Puisqu'il le faut, séparons-nous;
Va chercher à la grande ville
Un sort plus brillant, mais moins doux
Qu'il n'est au sein de la famille.
Adieu donc, mais tu reviendras;
Rappelle-toi, dans ton voyage,
Que si le plaisir est là-bas,
Le vrai bonheur est au village.

MARGUERITE.

Adieu, mon fils, adieu!
Bonne espérance!
Bonne espérance!
Claudine et moi,
Pour toi
Et pour la France,

Nous prîrons Dieu.
Bonne espéranco !
Adieu !
Bonne espérance !

ANDRÉ.

Ma mère ! Claudine ! mes amis, adieu ! adieu !!... Il le faut, adieu, mes amis !

TOUS.

André ! André ! bonne chance !
Bonne espérance !
Adieu !
Bonne espéranco !

(André descend par le chemin pratiqué dans la montagne. Marguerite et Claudine se jettent à genoux, élèvent les mains vers le ciel, puis elles rejoignent les autres villageois.)

SCÈNE II.

La scène s'est élargie. Un grand nombre d'individus des deux sexes, villageois, ouvriers, marchands, bateleurs, promeneurs, envahissent le premier plan; les marchands préparent des tréteaux pour exposer leurs marchandises; des joueurs de violon, de clarinette et le tambourin montent sur des tonneaux; à quelque distance, le marchand de chansons est debout sur une chaise; le tambour du village occupe le milieu.

OBIN, NICOLLE, LE TAMBOUR.

LE TAMBOUR.

Par permission de monsieur le Maire, j'annonce à tous les habitants que la foire de Saint-Vivien est ouverte !

TOUS.

Vive la Saint-Vivien ! Vive monsieur le Maire !

LE MARCHAND DE CHANSONS.

Arrivez donc, vous autres ! arrivez donc, la bande joyeuse !

Venez, venez, fillettes et garçons ;
J'ai pour vous tous, j'ai des chansons nouvelles ;
Je vous reviens avec les hirondelles,
Le doux printemps ramène les chansons.

Quand vient l'hiver, je quitte le village,
Je vais pour vous m'assortir à Paris;
Je n'ai jamais fait un meilleur voyage.
Accourez tous, enfants, je vous le dis,
J'ai des chansons de nos auteurs chéris.
Venez, enfants,
Petits et grands;
J'ai pour vous tous des chansonnettes,
J'ai des refrains pour nos musettes;
Accourez tous, fillettes et garçons,
Voici, voici le marchand de chansons;
Voici le marchand de chansons.

UN MARCHAND DE MOUCHOIRS, *qui étale sa boutique.*

Ohé! marchand de chansons, savez-vous celle-là, la chanson de mon pays?

J'ai vu les champs de l'Helvétie,
Et ses châlets et ses glaciers;
J'ai vu le ciel de l'Italie,
Et Venise et ses gondoliers.
En saluant chaque patrie,
Je me disais : « Aucun séjour
N'est plus beau que ma Normandie :
C'est le pays qui m'a donné le jour. »

ENSEMBLE.

Bravo! charmant!... *Ma Normandie* a fait le tour du monde!

.... aucun séjour
N'est plus beau que ma Normandie :
C'est le pays qui m'a donné le jour.

OBIN.

Je réclame, mes amis; je proteste, je demande la préférence pour *Mes Montagnes!*

Bois, vallons, fertiles campagnes,
Beau pays de mes aïeux;
Tyrol, dont j'aime les montagnes,
Sous ton ciel qu'on est heureux!
Tra la, etc.

(Ici, André entre.)

Hélas ! combien je plains mon frère !
Lui qui préfère
Loin de nous s'enrichir.
Pour moi, toujours pâtre, j'espère
Sur cette terre
Vivre et mourir.
Bois, vallons, fertiles campagnes,
Tyrol, dont j'aime les montagnes,
Sous ton ciel qu'on est heureux !

SCÈNE III.

LES MÊMES, ANDRÉ.

ANDRÉ.

Et cependant, comme moi, frère, tu as quitté le sol natal !

OBIN.

Bien malgré moi ! J'erre de village en village ; je suis venu à la foire de Saint-Vivien, poursuivant une route incertaine, à la recherche de ma fiancée. Il y a peu de temps, j'étais, quoique pauvre berger, aussi heureux qu'un roi ; je me croyais l'amant aimé d'une fille charmante, car Clara était la plus jolie fille de notre village, la plus sage, quoiqu'un peu coquette. Nos parents, dans les épanchements d'une longue amitié, s'étaient promis de nous unir. L'époque de notre mariage déjà était fixée, lorsqu'un étranger s'arrêta dans le pays ; il avait entendu Clara chanter en revenant des champs... Comment des rapports entre elle et lui ont-ils pu s'établir ?... je l'ignore. Que lui a-t-il dit ?... que lui a-t-il promis ?... quel sentiment l'a entraînée ?... je n'en sais rien, je ne puis e deviner. A-t-elle été séduite par l'espérance de devenir riche ?... a-t-elle cédé à un nouvel amour plus fort que le premier ?... Oh ! non, ce serait trop cruel, cela ne se peut pas... Et puis, cet homme ne me vaut pas : il est vieux... Et pourtant elle est partie !

(André et Obin occupent un côté de la scène et continuent à parler, mais bas.)

NICOLLE.

Ohé ! marchand de chansons !...

Ma mèr' m'a donné quat' sous } (bis.)
Pour m'amuser à la foire;
C'est pas pour manger ni boire,
C'est pour m'régaler d'joujoux. (bis.)
J'ai quat' sous!
J'ai quat' sous!

Hier, en r'venant de l'école,
Comme j'avais un bon billet,
Ma mèr' m'a dit: « man Nicolle,
» Tiens, j' te donn' çu p'tit paquet. »
V'là que j' prends et pi v'là que j'ouvre
Un p'tit paquet d' papier blanc;
En l'ouvrant qué que j' découvre?
C'te pauv' mèr'! c'était de l'argent!

Ma mèr' m'a donné quat' sous } (bis.)
Pour m'amuser à la foire;
C'est pas pour manger ni boire,
C'est pour m' régaler d' joujoux. (bis.)
J'ai quat' sous!
J'ai quat' sous!

TOUS.

Le drôle de petit garçon!

UNE JEUNE FILLE.

Nicolle, veux-tu me prêter tes quatre sous?

NICOLLE.

Nenni! Y en a un qu'si j'le rencontre à la foire, qu'y n'a qu'à bien s' teni; c'est le p'tit d' Dainville, l' fils du château, qui fait sé zambarras avec son chapeau blanc et pi sé souliers qui r'luisent. Si j'ai l' bonheur de m' trouver avec lui d'vant une boutique, j' m'en vas m' mettre à marchander d' tout; et pi si y s'avise encore d' ricaner d' coin, comme y fait toujours, v'lan! j' ly flanque un coup d' coude; si n'est pas cotent, v'lan! j' ly flanque un conp d' poing; si n'est pas encor cotent, j' l'empoigne par son collet, j' ly donne un croc-en-jambe, et pi, une fois que j' l'aurai mis d'sous, j' l'enfourche comme un bourriquet, et pi j' ly crie comme ça, mais d'vant toute la foire:

Ma mèr' m'a donné quat' sous } *(bis.)*
Pour m'amuser à la foire;
C'est pas pour manger ni boire,
C'est pour m' régaler d' joujoux. *(bis.)*
J'ai quat' sous !
J'ai quat' sous !

LE MARCHAND DE CHANSONS.

J'inscrirai celle-là sur mon livret.

(Le joueur de violon joue les premières mesures d'une contredanse.)

LE JOUEUR DE VIOLON.

En place ! en place ! Allons donc, les paresseux ! et vous, jeunes filles !

ANDRÉ, *à Obin.*

Mon histoire n'est pas moins triste que la vôtre, et cependant c'est tout l'opposé; je me nomme André, je suis descendu des montagnes de la Savoie... Comment vous nommez-vous, frère?

OBIN.

Mon nom est Obin, je viens du Tyrol.

ANDRÉ.

Eh bien ! ami Obin, ce n'est pas elle, c'est moi qui fuis. Comme vous, j'aime la plus belle fille de mon village, une figure d'ange, un cœur d'or : nommer Claudine, c'est tout dire; mais nous sommes pauvres tous les deux ! Je me suis dit : « Elle mérite mieux, il faut qu'elle soit riche ; tu ne peux pas épouser cette petite femme si mignonne, si délicate, pour la condamner au rude travail de nos campagnes ; André, renonce à elle, ou sois riche ; » et je suis parti, je vais au pays de la richesse.

OBIN.

C'est le ciel qui nous a réunis; partons, et ne nous séparons jamais.

ANDRÉ.

Musique de M. Ed. MEIRET.

Allons ! voyageons ensemble :

OBIN.

Oui, parcourons les pays.
Le même sort nous rassemble,
Pour toujours, soyons amis.

Mais, las! c'est grande folie
Que de vouloir captiver
Fortune ou femme jolie:
L'une ne peut se fixer,
Et l'autre souvent varie.
Courir après, c'est folie!
Mais l'homme, toujours séduit
Par qui n'est pas en sa puissance,
Court après l'objet qui fuit,
Et fuit celui qui s'avance.

ENSEMBLE.

Eh bien! voyageons ensemble;
Oui, parcourons les pays.
Le même sort nous rassemble;
Pour toujours, soyons amis.

(Obin et André s'éloignent.)

SCÈNE IV.

PAYSANS ET JEUNES FILLES.

Tiens! voilà le marié! Eh! le marié! viens par ici, le marié, danser avec nous!

LE MARIÉ.

J' sis marié d'puis çu matin;
J'ai l' cœur cotent, m'n' âme est à s'n' aise;
J' sis marié d'puis çu matin;
On n' peut plus m' dir' : « T'es' t'un gamin,
« Toi! t'es' t'un galopin! »

LES PAYSANS.

Allons! c'est connu, nous savons ton histoire.

LE MARIÉ.

Tout l' mond' sous l' porch', quand on sortait,
Disait qu' jamais, dans not' village,
On n'avait vu d' si biau mariage.
L' porche en craquait,
Tant qu'on était!

C'était ça un' belle cérémonie! Tout l' monde habillé en dimanche! et pi des cierges qui montaient jusqu'au haut d' la nèffle! et pi du bon encens tout neuf qu'on brûlait! sans compter qu' man cousin Joset, qu'est chantre à la ville, était venu pour chanter en musique. En v'là un rossignol!... Y en avait là un autre grand sec, qu'est v'nu s' mettre à côté d' ly, au pupitre. « Dis-donc, m'n'homme, que m' dit comm' ça Céleste, qué qu' c'est que c'ti-là? qué qu'y tient dans sé mains? — Mais, qué qu' c'est que c'ti-là? que j'me dis itout, moi; qué qu'y tient là?... » Il avait une grosse bête noire qu'y catouillait par-d'ssous l'ventre, et pi é beuglait... ça faisait bou! ou! et pi prout! prout! prout!... C'était l' serpent d' la paroisse à man cousin Joset!!!

J' sis marié d'puis çu matin;
J'ai l' cœur cotent, m'n' âme est à s'n' aise;
J' sis marié d'puis çu matin;
On n' peut plus m' dir' : « T'est un gamin,
« Toi, t'es' t'un galopin! »

LE JOUEUR DE VIOLON.

En place! en place!...

(Les quadrilles se forment.)

LE JOUEUR DE VIOLON.

La chaîne anglaise!... En avant les quat' z'autres!

(Tandis qu'ils dansent, une dispute s'élève dans un groupe, à gauche de la scène.)

PIERRE.

On m'a dit
Qu' t' aurais dit
Du mal de ma p'tit' Toinette;
C'te pauv' fill' qu'est si doucette,
Et quoi qu' t' en dis's, qu'a d' l'esprit.
Tu sais l' proverbe qui dit :
« A qui toujours veut médire,
Toujours il en cuit. »

V'lan! v'là pour c' que t' as dit,
Et v'lan! pour c' que tu pourras dire!

TOINETTE.

Pierre, Pierre, je t'en prie, ne sois pas méchant!

PIERRE.

Laissez-moi, Toinette!
D'mand' moi qué qu' ça t' fait à toi
Qu' sur ses sabots, lé dimanches,
C'te fill' porte des peaux blanches
Ou des noir's comme on en voi?
Tu dis qu' c'est un' dépensière,
Mais tout l' village sait bien
Qu' ces peaux blanch's, c'est sa manière,
Et qu' Toinette en a l'moyen.
V'là c' qu'on dit
Qu' t'aurais dit
Su' l' compte de ma p'tit' Toinette;
C'te pauv' fill' qu'est si doucette,
Et, quoiqu' t' en dis's, qu'a d' l'esprit.
Tu sais l'proverbe qui dit :
« A qui toujours veut médire,
Toujours il en cuit. »
V'lan! v'là pour c' que t' as dit,
Et v'lan! pour c' que tu pourras dire!

TOINETTE, *à Pierre.*

Pierre, je t'en prie, pas de bataille!

ENSEMBLE.

Allons... un jour de fête, est-ce qu'on doit disputer?

(Le tonnerre gronde dans le lointain, les éclairs se précipitent, le bruit redouble, la foule s'écoule; on entend le fouet d'un postillon. La foudre éclate. Une voiture s'arrête au fond du théâtre)

SCÈNE V.

CLARA, CLAUDINE, DORÉDO, LE POSTILLON.

DORÉDO, *au postillon.*

Misérable!... tu nous as mis à deux doigts de notre perte!... Aller en *crescendo* quand le tonnerre bat la mesure à *quatre temps!*

...

LE POSTILLON.

Il fallait arriver... Je vous ai bien conduit, et vous pouvez faire une *pause* dans cette hôtellerie, la seule et, par conséquent, la meilleure du village...

DORÉDO.

Belle excuse pour ne nous avoir pas versés!... Mesdames, je vais prendre le diapason, savoir quelles sont les ressources de cette auberge... visiter la cuisine, et m'assurer enfin si l'on peut s'y arrêter sans être exposé à mourir de faim.

LE POSTILLON.

Et moi, je retourne à mes chevaux; il faut que tout le monde vive.

CLARA, *à Claudine.*

Ma gentille compagne, avouez que vous avez eu bien peur; cependant, dans vos montagnes, le tonnerre doit faire un bien autre tapage.

CLAUDINE.

O généreuse protectrice! il y a dans mon cœur un douloureux sentiment qui laisse bien peu de place à la peur. Ma pensée était ailleurs; c'était encore la voix d'André que je croyais entendre à travers le bruit de l'orage.

CLARA.

Je connais ce mal-là; et moi aussi j'ai un amour dans le cœur. Au village que j'habitais, j'étais aimée, j'aimais; et, quand on aime une fois, n'est-ce pas pour toujours?... Mais, à côté de cet amour, il y avait un autre sentiment impétueux, tyrannique, un sentiment maudit!... L'ambition! et l'ambition l'a emporté; lorsque ce vieillard, notre guide, pour me décider à le suivre, m'a peint les enivrements de ce monde dont mon beau talent de cantatrice, me disait-il, allait m'ouvrir les portes.

Musique de M. Ed. Meiret.

A mon esprit
Le luxe offrit

De la mode alors les merveilles;
Tissus brillants,
Bijoux charmants,
Mille objets aux couleurs vermeilles;
J'entendais l'orgueil qui déjà
Murmurait au fond de mon âme:
« Si tu résistes à tout cela,
Non, non, tu n'es pas une femme. »

CLAUDINE.

Ce faux bonheur
Qu'à notre cœur
Promet l'esprit quand il s'égare,
Fuit trop souvent
En se montrant,
Et le fixer est chose rare.
Votre bonheur n'est pas le mien;
Le mien est timide et modeste:
Un peu d'amour, oui, pour tout bien,
Et j'abandonne tout le reste.

ENSEMBLE.

CLARA.	CLAUDINE.
Sans l'opulence et la grandeur;	Sans l'opulence et la grandeur,
Un peu d'amour, beaucoup de gloire,	Sans les honneurs et sans la gloire,
Claudine, vous pouvez m'en croire,	O Clara! vous pouvez m'en croire,
Il n'est pas de parfait bonheur.	L'amour suffit pour le bonheur.

CLAUDINE.

Hâtons-nous de reconnaître, généreuse Clara, que les jouissances du cœur sont les plus douces, et que le plus grand avantage que procure la fortune est la facilité de faire le bien; et c'est ainsi que vous avez pensé lorsque vous avez recueilli sur la route et donné une place dans votre voiture à la pauvre fille qui, ne pouvant supporter l'absence de celui qu'elle aime, s'était mise en route, à pied, pour aller le rejoindre. Vous avez eu pitié, avant même que je vous eusse exposé mes peines, mes chagrins, la triste situation dans laquelle mon désespoir m'avait jetée.

CLARA.

A ma place, ma petite Claudine, vous en eussiez fait tout autant; entre nous il y a sympathie; nos cœurs s'entendent quel que soit le plus ou moins de puissance que nous accordons à l'amour, quelle que soit notre manière d'envisager le bonheur. Aimons-nous donc comme deux sœurs. Je partagerai avec vous ma bonne fortune

CLAUDINE.

Que le ciel m'accorde le bonheur de ramener André au village, rien de plus ; je ne retournerai pas la tête pour savoir si la fortune me suit.

CLARA.

C'est par trop romanesque, ma jeune amie !

SCÈNE VI.

CLARA, CLAUDINE, DORÉDO.

DORÉDO.

Mais, ce n'est pas un pays, c'est le vide, rien, absolument rien à mettre sous la dent, pas même l'inévitable côtelette qui n'a jamais fait défaut au voyageur. Ils prétendent que les gens de la fête ont tout dévoré. Mesdemoiselles, je vous plains ; je ne vous parle pas de moi, et cependant j'ai une faim !

JEAN LE POSTILLON, *dans la coulisse.*

Sur la route de Besançon,
Voilà cinq ans que je suis postillon.

DORÉDO.

Ecoutez ! écoutez !

LE POSTILLON, *continuant.*

Galoper, c'est ma vie.
A mes camarades, dit-on,
Je fais envie ;
On est assez joli garçon,
Et l'on galope à sa façon ;
Aussi, quand on passe, entend-on :
« Qu'il est joli le postillon !
Mais voyez donc,
Qu'il est joli le postillon !
Mais voyez donc,
Qu'il est joli le postillon ! »

DORÉDO.

Ohé! postillon!... Mais c'est qu'il a une très belle voix, ce gaillard-là! Postillon, avance ici!

LE POSTILLON.

Bourgeois, qu'y a-t-il pour votre service?

DORÉDO.

Continue.

LE POSTILLON.

Quoi?...

DORÉDO.

Ta chanson, imbécile! ton rondeau.

LE POSTILLON.

Je fais à plus d'une fenêtre
Les honneurs de mon carillon:
Clic! clac! on va me reconnaître;
Clic! clac! c'est Jean le postillon.
O doux présage!
De ma Louison,
Fille bien sage,
C'est la maison.
Plus vite encore au galop je m'avance;
J'arrive enfin, et ma Louison s'élance;
Ma Louison, de sa blanche main,
M'apporte un verre de bon vin.
Je bois, et puis gaîment je poursuis mon chemin.

DORÉDO.

Va toujours.

LE POSTILLON.

Sur la route de Besançon,
Voilà cinq ans que je suis postillon.
Galoper, c'est ma vie.
A mes camarades, dit-on,
Je fais envie;
On est assez joli garçon,
Et l'on galope à sa façon;
Aussi, quand on passe, entend-on:
« Qu'il est joli le postillon!
Mais voyez donc,
Qu'il est joli le postillon! »

Êtes-vous content?...

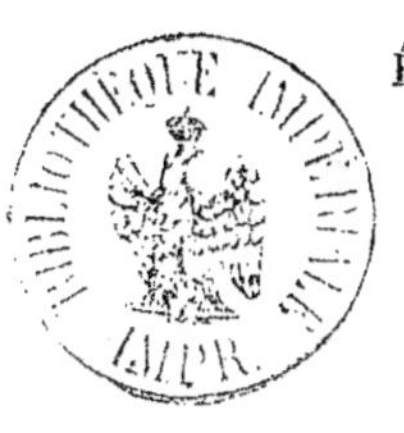

DORÉDO.

Et toi?

LE POSTILLON.

Je ne suis pas difficile.

DORÉDO.

Je le suis, moi, et, pour te prouver ma satisfaction, je te pardonne de ne nous avoir pas versés.

CLARA ET CLAUDINE.

Comment! vous eussiez voulu?...

DORÉDO.

Parbleu! Mesdames, je sais bien ce que je veux dire; il pouvait le faire, il devait même le faire à la manière dont il nous a conduits. Ce qui est passé est passé; je te pardonne et je t'emmène à Paris avec nous.

LE POSTILLON.

Moi, moi, Monsieur? bien vrai?...

DORÉDO.

Très vrai... et pourquoi pas? Je te ferai chanter une autre gamme, et ta fortune est assurée. Tu auras de beaux habits, des bottes luisantes et le chapeau à plumes. Au lieu de conduire les autres, tu seras conduit, et dans une voiture élégante et qui sera la tienne : tout cela te convient-il?...

LE POSTILLON.

Belle demande!... Et à qui cela n'irait-il pas? Est-ce sérieux ce que vous dites?

DORÉDO.

Je ne plaisante jamais!

LE POSTILLON.

Eh bien! topez là, je suis à vous!

DORÉDO.

Comme au diable : un peu plus tôt, un peu plus tard, il faut toujours en arriver là.

CLAUDINE, *à Clara.*

O mon Dieu! que dit-il?...

CLARA.

Une plaisanterie de mauvais goût.

DORÉDO.

Je vous l'ai dit, je ne plaisante jamais !... Enfin, je joue de bonheur : une première chanteuse charmante, un vrai talent...

CLARA.

Merci du compliment.

DORÉDO.

Si la petite voulait, elle serait une ravissante ingénue.

CLAUDINE.

Qu'osez-vous proposer à une pauvre fille qui sort de son village ? ..

DORÉDO.

Je tiens un ténor, excellente trouvaille ; l'oiseau est rare en ce temps de disette que nous fait l'UT DIÈZE : note fatale qui comme un mauvais vent trouble l'eau la plus limpide. La cargaison serait complète si je pouvais mettre la main sur une Dugazon de quelque valeur.

LE POSTILLON.

Vous n'irez pas bien loin. J'ai entendu là, à travers les branches, certain ramage qui semble annoncer que la fauvette n'est pas loin.

DORÉDO.

Conduis-moi.

LE POSTILLON.

C'est inutile; le beau temps est revenu, et voici les gens de la fête qui reparaissent : elle est avec eux. C'est une femme qui n'a pas d'âge : est-elle jeune ? est-elle vieille? personne ne pourrait le dire. Le cœur est jeune, la voix aussi ; la figure ne leur donne pas de démenti. Je soupçonne qu'elle est tout autre chose que ce qu'elle veut paraître. On l'appelle la Lisette de Béranger.

ENSEMBLE.

La Lisette de Béranger !

SCÈNE VII.

CLARA, CLAUDINE, DORÉDO, LE POSTILLON, LISETTE

ET LES AUTRES PERSONNAGES QUI ONT DÉJA PARU.

LISETTE, *s'asseyant sous un arbre et entourée de jeunes filles.*

Enfants, c'est moi qui suis Lisette,
La Lisette du chansonnier,
Dont vous chantez plus d'une chansonnette,
Matin et soir, sous le vieux marronnier.
Ce chansonnier, dont le pays s'honore,
Oui, mes enfants, m'aima d'un tendre amour;
Son souvenir m'énorgueillit encore,
Et charmera jusqu'à mon dernier jour. *(bis)*
Si vous saviez, enfants,
Quand j'étais jeune fille,
Comme j'étais gentille!
Je parle de long-temps:
Teint frais, regard qui brille,
Sourire aux blanches dents;
Alors, ô mes enfants! *(bis.)*
Grisette de quinze ans,
Ah! que j'étais gentille!

DORÉDO.

Bravo! très-bien, Mademoiselle Lisette, pourriez-vous...

TOUS.

Ne l'interrompez pas!

LE MARCHAND DE CHANSONS.

Laissez-la tout dire, nous ne voulons rien retrancher de ce petit chef-d'œuvre.

LISETTE.

Vous parlerai-je de sa gloire?
Son nom des rois causait l'effroi.
Dans ses chansons se trouve son histoire;
Le monde, enfants, la connaît mieux que moi.
Ce que je sais, moi, c'est qu'il fut sincère,
Bon, généreux, ange consolateur;
Oui, c'est assez de bonheur sur la terre,
Qu'un peu d'amour d'un aussi noble cœur. *(bis.)*

Si vous saviez, enfants,
Quand j'étais jeune fille,
Comme j'étais gentille !
Je parle de long-temps :
Teint frais, regard qui brille,
Sourire aux blanches dents ;
Alors, ô mes enfants ! (*bis.*)
Grisette de quinze ans,
Ah ! que j'étais gentille !

DORÉDO.

Enfin, Lisette, j'ai des propositions à vous faire, vous dis-je.

CLAUDINE.

Attendez encore.

CLARA.

Elle nous intéresse.

TOUS.

Nous voulons l'entendre jusqu'au bout.

LISETTE.

Lui, qui d'un beau ciel et d'ombrages
Avait besoin pour ses chansons,
Fidèle au peuple, il vengea ses outrages,
Et respira l'air impur des prisons.
Des insensés qu'aveuglait leur puissance,
Juraient alors d'étouffer ses accents ;
Mais, dans les fers, son luth chantait la France,
La liberté, Lisette et le printemps. (*bis.*)

Si vous saviez, enfants,
Quand j'étais jeune fille,
Comme j'étais gentille !
Je parle de long-temps :
Teint frais, regard qui brille,
Sourire aux blanches dents ;
Alors, ô mes enfants ! (*bis.*)
Grisette de quinze ans,
Ah ! que j'étais gentille !

CLARA, *à Dorédo qui veut encore interrompre.*

Patience ! vos propositions arriveront à temps.

LISETTE.

Un jour, enfants, dans ce village,
Un marchand d'images passant,
Me proposa (Dieu l'envoyait, je gage,)
De Bérenger un portrait ressemblant.
J'aurais donné jusqu'à mes tourterelles!
Ces traits chéris, je les vois tous les jours;
Hier, encor, de pervenches nouvelles,
De frais lilas j'ai fleuri mes amours;
Hier, encor, j'ai fleuri mes amours!... *(bis.)*

Si vous saviez, enfants,
Quand j'étais jeune fille,
Comme j'étais gentille!
Je parle de long-temps :
Teint frais, regard qui brille,
Sourire aux blanches dents;
Alors, ô mes enfants! *(bis.)*
Grisette de quinze ans,
Ah! que j'étais gentille!

DORÉDO.

Enfin, je puis donc parler! Madame Lisette, ce que vous étiez autrefois, vous l'êtes encore : les Déjazet ne vieillissent jamais. Je vous propose donc un engagement magnifique.

(André et Obin apparaissent au bout du théâtre; ils marchent lentement et sont accablés de fatigue. Claudine et Clara les reconnaissent et jettent un cri.)

SCÈNE VIII.

LES MÊMES, ANDRÉ, OBIN.

ANDRÉ.

L'orage a rendu les chemins impraticables; le torrent a débordé, nous n'avons pu le franchir et continuer notre chemin; nous sommes revenus sur nos pas.

CLAUDINE.

Mon bon André!

OBIN.

O Clara!... c'est donc vous que je revois! Mais ce brillant costume?.. ce changement?.. Dois-je remercier le ciel?.. ou maudire...

CLARA.

Tu mériterais d'être puni pour avoir douté de mon cœur.

OBIN.

Que pouvais-je penser?... Ta fuite ne prouvait-elle pas...

CLARA.

Eh! mon Dieu! ce qui était le plus vraisemblable : que j'étais allée chercher fortune, mais pour la partager avec toi.

CLAUDINE.

Mon bon André, puisque le ciel nous a de nouveau réunis, ne nous quittons plus; reviens avec moi. Au village, on est assez riche quand on s'aime, a dit le chansonnier normand.

DORÉDO.

Et vous avez compté sur la douce morale de ce gracieux chansonnier, du poète musicien, pour m'enlever tous mes avantages?

LE MARCHAND DE CHANSONS, *debout sur sa chaise.*

Un jour, un jour, je vous le dis,
Jeunes garçons et jeunes filles,
J'ai quitté nos vertes charmilles,
Nos bois, nos champs, nos prés fleuris;
J'ai visité, dans mon jeune âge,
J'ai visité bien des pays;
Rien n'est si beau que mon village;
En vérité, je vous le dis.

DORÉDO.

Voilà l'autre maintenant qui leur vient en aide.

LE MARCHAND DE CHANSONS.

Rien n'est si beau que nos moissons,
Quand le soleil les a mûries;
Rien n'est si beau que nos prairies,
Quand vous y dansez aux chansons.
Sur le penchant de nos collines,
Lorsque le soir on est assis,
Rien n'est si beau que nos chaumines;
En vérité, je vous le dis.

DORÉDO.

Avec ces principes, vous allez ramener l'âge d'or; et que deviendrons-nous, nous autres, qui sommes accoutumés aux mœurs d'un autre âge?

CLAUDINE.

Il y a tant de gens intéressés à ce qu'il ne revienne pas.

ANDRÉ

Claudine, je consens à retourner avec toi au village; je renonce à tous mes projets ambitieux, autant de châteaux en Espagne que ton amour, disons mieux, ta raison vient de renverser.

CLAUDINE.

Aucun mortel n'est plus que nous
Aimé du ciel dans cette vie;
Les rois, à qui l'on porte envie,
N'ont pas un sort qui soit plus doux;
Car, dans sa clémence profonde,
Dieu, qui confond grands et petits,
Fit du bonheur pour tout le monde;
En vérité, je vous le dis.

CLARA.

Et moi.....

DORÉDO.

Halte-là! je m'y oppose; emmenez avec vous le pâtre du Tyrol, et, pour rester fidèle aux conseils du poète moraliste, devenez sa femme, mais n'allez pas abandonner l'avenir séduisant qui s'ouvre devant vous.

CLARA.

Vous ne m'avez pas laissé achever: ma vocation est le théâtre, et je cède à ma vocation. Le théâtre aujourd'hui n'a rien qui effraye, et l'on peut y faire son salut comme dans le monde. Obin, nos pères avaient résolu notre union, nos cœurs nous disent qu'il est doux de leur obéir. Nous ne nous mettrons en voyage que lorsque notre mariage aura été béni par l'église; le veux-tu?...

OBIN.

Pourvu que tu sois ma femme, que m'importe?... j'irai partout.

CLARA.

Mais nous ne nous séparerons pas de nos amis ainsi ; nous ne laisserons pas partir André et Claudine les mains vides. Le rêve d'André était une petite ferme : mon premier concert m'a rapporté quelque chose ; j'ai eu l'honneur de chanter devant des têtes couronnées. La recette a été bonne : je l'abandonne aux amoureux de la montagne ; ce sont les prémices de mon talent. Ce placement me portera bonheur. (*A Dorédo.*) Ce projet, mon cher directeur, a-t-il votre assentiment ?

DORÉDO.

C'est votre bien, madame, vous pouvez en disposer.

CLAUDINE.

Non, nous ne consentirons pas à ce que vous vous dépouilliez aussi complètement, trop généreuse Clara, pour des gens que vous connaissez à peine.....

CLARA.

Beaucoup, au contraire : nous avons même origine.

CLAUDINE.

Oui, nous sommes tous de la même famille, de la famille des gens naïfs, honnêtes, un peu malins, mais sans méchanceté ; moralistes, mais sans fadeur et sans ennui ; nous sommes tous de l'heureuse et bonne famille créée par le chansonnier, enfant de la Normandie.

TOUS.

Frédéric Bérat !

DORÉDO.

L'aimable trouvère du XIXe siècle, trop tôt, hélas ! enlevé à la muse des chansons et des douces mélodies.

LISETTE.

Le poète musicien auquel deux spirituels écrivains normands payaient naguère, sur cette scène, un tribut d'éloges et de regrets dont jétais l'interprète ; nous pouvons dire encore :

Musique de M. Ed. Meiret.

Celui, Messieurs, que je regrette
Etait un charmant chansonnier ;
Sa voix semblait celle de la fauvette,
Cachée au fond d'un bosquet printannier.

Naguère encor, assis sur la verdure,
D'un clair ruisseau ses yeux suivaient le cours,
Et ses doux chants célébraient la nature,
Son beau pays, le ciel et ses amours.

DORÉDO.

Mais vous savez que les édiles de la localité..... ?

CLAUDINE.

Oui, nous savons.....

Le ciel n'a pas permis
Qu'au terme du voyage
Il revînt au rivage,
Charmé par ses écrits ;
Mais notre aréopage
Nous rend ses traits chéris ;
Désormais, ses amis
Pourront, dans son pays,
Retrouver son image.

ANDRÉ.

Sa ville natale lui devait bien une statue.

OBIN.

Non pas Rouen seulement, mais la Normandie tout entière, qu'il a poétisée.

CLARA.

Rouen a payé sa dette, et le prince des critiques, qui a jeté sur la tombe du chansonnier les mille fleurs de sa prose éloquente, ne dira plus que les Normands marchandent à leurs grands hommes la part d'honneur qui leur est due.

DORÉDO.

Tout le monde sait que la Normandie a le droit de s'enorgueillir de ses enfants, dans le passé comme dans le présent.

CLAUDINE.

Musique de M. Ed. Meiret.

Pays charmant de sapience,
Terre féconde dont les produits,
Moissons, beaux-arts et beaux écrits
Font le plus beau pays de France.

CHŒUR.

Pays heureux,
Aimé des Dieux,
De tes enfants, de tes aïeux,
De tes Normands sois glorieux.

CLAUDINE.

Sol glorieux de Normandie,
Sois fier de tous tes enfants;
Tu peux citer des noms brillants,
Dans les arts comme en poésie.

DORÉDO.

Oui, oui, mille fois oui, au premier rang Corneille, et dans tous les arts, sans distinction, Poussin, Bernardin de Saint-Pierre, Fontenelle et notre admirable Delavigne.

CHŒUR.

Pays heureux,
Aimé des Dieux,
De tes enfants, de tes aïeux,
De tes Normands sois glorieux.

CLARA.

Vous oubliez bien des morts célèbres : et Jouvenet et tant d'autres; et, parmi les vivants, pour ne parler que d'un seul, ce peintre si brillant de couleurs, le peintre de la beauté.

DORÉDO.

Oh! c'est bien Court!...

CLAUDINÉ.

Riche pays où tout abonde,
Il ne manquait à ton renom,
Pour immortaliser ton nom,
On entend la ritournelle : *N'est plus beau que la Normandie,*
C'est le pays qui m'a donné le jour.
Qu'un chant qui fit le tour du monde.

CHŒUR.

Pays heureux,
Aimé des Dieux,
De tes enfants, de tes aïeux,
De tes Normands sois glorieux.

CLAUDINE.

Pays plaisant de sapience,
De Bérat applaudis les chants,
Le plus aimable des enfants
Du plus beau pays de la France.

CHŒUR.

Pays heureux,
Aimé des dieux,
De tes enfants, de tes aïeux,
De tes Normands sois glorieux.

FIN.

ROUEN. — IMP. E. CAGNIARD, RUE PERCIÈRE, 29.

www.ingramcontent.com/pod-product-compliance
Lightning Source LLC
LaVergne TN
LVHW020631110826
845149LV00004B/1141

* 9 7 8 2 0 1 9 1 7 0 2 8 8 *